Felix Nusquam

TREPPENSCHLEICHER

Gauner, Diebe und Betrüger

FSC
www.fsc.org
MIX
Papier aus ver-
antwortungsvollen
Quellen
Paper from
responsible sources
FSC® C105338

Felix Nusquam

TREPPENSCHLEICHER

Gauner, Diebe und Betrüger

Bibliografische Information der Deutschen Nationalbibliothek

Die Deutsche Nationalbibliothek verzeichnet diese Publikation in der Deutschen Nationalbibliografie; detaillierte bibliografische Daten sind im Internet über http://dnd.d-nb.de abrufbar.

ISBN 9783746079264

Herstellung und Verlag:
BoD - Books on Demand, Norderstedt

Einleitung

Im Jahre 1846 veröffentlichte der Polizeibeamte Rochlitz sein Buch „Das Wesen und Treiben der Gauner, Diebe und Betrüger Deutschlands nebst Angabe von Maaßregeln, sich gegen Raub, Diebstahl und Betrug zu schützen".

Hierin werden die Verbrecher und ihre Methoden im Details beschrieben und daraus entsprechende Vorsichtsmaßnahmen abgeleitet.

Der Autor hat den Inhalt des Buches teilweise sprachlich neu gefasst. Unverständliche Begriffe und Texte sind entfernt oder umgeschrieben worden.

Diese Beschreibungen wirken veraltet und antiquiert, haben aber nichts an ihrer Brisanz zum heutigen Alltagsleben verloren. So haben sich die Mittel der damaligen Zeit verändert und existieren teilweise nicht mehr. Andererseits sind die Methoden unverändert gültig und finden heute ihre Anwendung und Nutzung mittels moderner Technik und in den Sozialen Medien.

Entdecken Sie die alten Methoden und Sie werden zum Teil erschrocken feststellen, dass die heutigen Delikte nach den gleichen alten Funktionsweisen ablaufen.

Classification der Gauner

Räuber

Schränker

In der Gaunersprache werden unter dieser Bezeichnung alle diejenigen Räuber verstanden, welche in Banden usw. zur Nachtzeit Einbrüche ausführen. Räuber dieser Art sind für Leben und Eigentum die Gefährlichsten. Jederzeit sind sie auf Widerstand vorbereitet und führen deshalb Schießgewehre, Säbel, Degen und lange Messer mit sich. Sie begehen ihre Verbrechen mit Gewalt gegen Sachen und Menschen.

Am Tag halten sie sich in Diebesherbergen und sonstigen Unterschlupfen auf. Von hier aus stellen sie Nachforschungen hinsichtlich der zu beraubenden Orte durch Kundschafter, ihre Frauen und sonstige Gehilfen an. In der Gestalt von Bettlern und Bettlerinnen erscheinen diese Personen in den Gehöften und Häusern, wo sie um eine Gabe bitten und dabei Informationen zur Ausführung des Diebstahls sammeln.

Nachdem nun die erforderlichen Notizen gesammelt worden sind, brechen die Räuber mitten in der Nacht zu ihren Taten auf. Sie überfallen unter Anführung durch einen gewählten Chef die arglosen Bewohner einzeln gelegener Häuser, Landsitze usw. mit offener Gewalt, indem sie lärmend angezogen kommen, die Türen mit Gewalt aufbrechen. Die Bewohner werden je nach

Umstand geknebelt und oft bis zum Tode misshandelt.

Vor Ausführung des Verbrechens umstellen sie den Tatort und stellen Wachen auf. Diese haben jede sich nähernde Gefahr zu melden, was durch gellendes Pfeifen oder auch Husten geschieht. Hierzu werden die schwächeren, weniger mutigen Diebe benutzt. Die stärksten und gewandtesten Mitglieder übernehmen den Einbruch und die Gewalttaten gegen die Personen, die sich widersetzen sollten. Diese werden, sofern sie nicht zur augenblicklichen Tötung Veranlassung geben, mit Stricken an Händen und Füssen gefesselt und durch Tücher im Mund geknebelt. Das gestohlene Gut wird in die Diebesherberge oder in das Versteck gebracht.

Dieses Verfahren des Raubes wird immer weniger angewandt, seitdem die Kunst zu stehlen auf einen höheren Grad der Ausbildung gestiegen ist.

Die Diebe führen ihre Taten in aller Stille durch und haben es zu einer Virtuosität gebracht. Sie wissen es genau zu bewerkstelligen ohne Geräusch eiserne Gitter, Riegelwände und Schlösser zu erbrechen.

Stänkerer oder Rattegänger

Sie haben ihren Namen daher, weil sie gewöhnlich ohne Plan losziehen. Diese stehlen in abgelegenen Gebäuden, ergreifen bei dem geringsten Widerstand die Flucht und üben nur Gewalt an

Menschen aus, wenn sie erwischt und an der Flucht gehindert werden. Stänkerer sind nur in kleinen Gruppen unterwegs. Nachdem sie sich an ein einzeln stehendes Haus geschlichen haben, umstellen sie es mit Wachen und erforschen, ob alles ruhig ist. Das Dasein eines Hundes in der Stube erforschen sie durch Krabbeln am Fenster. Ist die Luft rein, wird das Fenster ausgehoben oder mit einem Tuch eingedrückt.

Diese Gaunerklasse stiehlt gewöhnlich in Wohnstuben, deren Fenster leicht und ohne weitere Hilfsmittel erreicht werden können. Sie sehen von ihrem Unternehmen ab, wenn die Fenster von innen verriegelt sind oder ein Hund seine Gegenwart in der Stube kundtut.

Jomakener

Es sind Diebe, welche besonders zur Erntezeit stehlen. Die Erntezeit wählen sie zur Ausführung ihrer Pläne, weil ihnen bekannt ist, dass alle wehrhaften Bewohner bei ihrer Arbeit auf dem Feld sind. Von den zurückgebliebenen Kindern, Frauen und Alten ist fast kein Widerstand zu befürchten.

Von verschiedenen Seiten des Dorfes dringen sie in die ausgesuchten Häuser ein. Die Zugänge zu den Bauernhöfen sind nur leicht, oft auch gar nicht verschlossen. Alle verschlossenen Behältnisse, Koffer, Schränke und die gefundenen Sachen werden gestohlen. Wegen der oftmals großen Menge an Sachen werden Wagen mitgeführt.

Kinder oder Greise, die bei ihrer Ankunft Lärm machen oder um Hilfe rufen, werden sogleich geknebelt oder auch durch rohe Behandlung des Lebens beraubt.

Stratekehrer

Sie rauben auf offener Straße und überfallen die Reisenden und Personen, bei denen sie Geld und wertvolle Sachen vermuten. Dies geschieht auf Landstraßen, Fußwegen, öffentlichen Plätzen, Straßen und Gassen.

Trararum-Gole-Stratekehrer

Diese Posträuber sind eine besondere Klasse der Straßenräuber. Wie die Postdiebe haben sie durch ihre Kundschafter (Baltowerer) genaue Informationen besorgt, ob die zu beraubenden Posten wertvolle Sachen, Gelder und dergleichen bei sich führen, und mit wie vielen Passagieren sie besetzt sind. Zusätzlich wird ausgekundschaftet, ob etwaige Verteidigungswaffen mitgeführt werden.

Ist der Angriff beschlossen, werden einzelne Bandenmitglieder postiert, die sich als ermüdete oder beraubte und schwer misshandelte Wanderer an die Straße legen und um Aufnahme bitten. Diese Diebe versuchen am Angriffsort den Schirrmeister und Postillion vom Wagen zu locken oder an der beschleunigten Flucht zu hindern. Der aufgenommene Kumpan der Bande ist gewöhnlich für das Leben der Postbediensteten und Passagiere der Gefährlichste. Er wird den lauernden Mitgesellen Zeichen zu ihrem Verhalten geben und den Angriff unterstützen.

Mordbrenner

Zur Mordbrennerei sind diese Subjekte fähig und bereit. Dörfer, Mühlen, Gasthöfe und Schenken sind gewöhnlich die Orte, wo solche Verbrechen begangen werden. Sie schreiten erst zur Tat, wenn ihnen ihre ausgeschickten Kundschafter Nachricht geben, dass nur durch Brandlegung ein gewinnbringender Diebstahl erfolgen kann. Dieser erfolgt zur Nachtzeit, wenn alles im tiefen Schlaf liegt und durch den entstehenden Feuerlärm Bestürzung und Besinnungslosigkeit unter den aufgeschreckten Bewohnern entsteht.

Steht das Gebäude in Flammen, dann zerstreuen sich die Diebe in die verschiedenen Teile der Häuser. Sie erregen bei den bestürzten Bewohnern durch ihre scheinbar große Bereitwilligkeit zum Retten Anteilnahme und nutzen die entstandene Verwirrung zum unbemerkten Wegbringen des Gestohlenen.

Wählen die Mordbrenner Dörfer zum Schauplatz ihrer verruchten Taten, so werden sie zuvor bemüht gewesen sein, die Türschlösser der Spritzenhäuser (Feuerwehr) so zu verderben, dass sie nicht sofort geöffnet werden können.

Diebe

Makener, Dorfmakener

Sie arbeiten mit Nachschlüsseln in Städten und Dörfern. Das Agieren ist bei den Gaunern zur höchsten Stufe der Vollendung gelangt; kein Schloss ist ihnen zu fest oder zu gut konstruiert, keine Tür genug gesichert. Sie schleichen sich gewöhnlich an solchen Tagen und Gelegenheiten in die Häuser, wo entweder die Bewohner durch Festlichkeiten usw. mit ihrer Aufmerksamkeit abgelenkt werden oder bis auf wenige Personen abwesend sind.

Die oben und nach hinten gelegenen Zimmer sind die Ziele ihrer Taten, da sie dort ungestört ihr Wesen treiben können. Zu ihrem Werkzeug gehören an die zwanzig Dietriche. Nach Ausübung der Diebstähle werden die Dietriche bis zur Wiederbenutzung an einem sicheren Ort versteckt oder vergraben, damit sie durch deren Besitz nicht in Verdacht geraten.

Boskenner

Die unter vornehmer Maske Auftretenden, welche elegant gekleidet und in den angesehenen Wirtshäusern einkehren, agieren während der Nacht. Mit ihren Diebesinstrumenten öffnen sie die Zimmer und stehlen das ihnen zusagende Gut. Am Morgen reisen sie sehr früh wieder ab und schlagen eine andere Route ein als sie im Gasthof bei der Abreise angaben. Das Gestohlene ist rasch versilbert und so jeder Verdacht von ihnen entfernt.

Kittenschieber, Kegler

Diese Diebe schleichen sich bei Tage in die Häuser und nehmen jede Gelegenheit wahr, durch offen gelassene Türen in Küchen und Stuben zu gelangen, um dort zu stehlen. Da sie nur zu genau wissen, dass ihnen der Leichtsinn das Handwerk erleichtert, so schlendern sie schon ganz früh auf den Straßen herum. Sie nehmen diejenigen Häuser und Wohnungen aufs Korn, wo sie vermuten, dass die Herrschaften noch schlafen und die Dienstboten in der Küche mit der Anfertigung des Frühstücks beschäftigt sind.

Ein Kittenschieber und Kegler wird entweder elegant, oder wie ein Friseur usw. gekleidet sein, hierbei ganz leichtes Schuhwerk tragen, damit er leicht die Treppen auf- und abspringen kann, und stets mit freundlichen und lächelnden Gesichts-zügen und voll ausweichender Komplimente gesehen werden. Begegnet ihm Jemand im Haus, wird er die Situation durch Fragen, ob dieser oder jener Herr im Hause wohne, retten.

In der Regel verlassen morgens die Dienstboten die Küche, um die zum Frühstück benötigten Sachen vom naheliegenden Kaufmann oder Bäcker zu holen. Sie lassen, in der Meinung, dass die Diebe so früh noch nicht zu befürchten wären oder weil sie ja gleich zurück seien, die Türen offenstehen. Mittlerweile hat sich der verschmitzte

Dieb ins Haus und in die offen gelassene Küche geschlichen und ungestört gestohlen. In diesem günstigen Fall hat der Dieb wenig oder gar nichts zu befürchten. Sollten die Herrschaften ein Geräusch im Nebenzimmer oder in der Küche hören, so werden sie fast immer glauben, der Dienstbote habe dieses verursacht.

Das leichtere Spiel hat der Dieb dieser Art in den Zimmern vieler lediger Herren, die bei ihrer späten Rückkehr Uhr, Geldbörse, Ringe und Kleidungsstücke unordentlich von sich legen und morgens, von der durchzechten Nacht müde, noch fest schlafen und nicht darauf achten, wenn jemand in ihr unverschlossenes Zimmer tritt und sich mit ihren Sachen bereichert. Kommt es vor, dass sie im Schlaf doch jemand eintreten hören und sich die Mühe gibt, aufzuschauen, so wird der gesehene Dieb sich mit der Entschuldigung des Irrtums oder nach der angeblichen Suche des Herrn XY ruhig und ohne Übereilung entfernen.

Eine andere Art dieser Diebe sieht von dem Besuch der Privathäuser ganz ab und hat es auf Gasthöfe abgesehen. Unter allerlei Gestalten und Verkleidungen schleichen sie auf den Treppen umher. So betasten und belauschen sie auf diese Weise die Türen der Fremdenzimmer, bis sie zu einer unverschlossenen Tür gelangen und ihren Diebstahl ausführen.

Da viele ehemalige Bedienstete die größere Anzahl dieser Diebe ausmacht, die die vorherrschenden Verhältnisse recht gut kennen, geschehen viele Diebstähle auch zur Mittagzeit.

Sie klopfen erst leise, dann etwas stärker und endlich laut an die Türen und treten unaufgefordert ein, wenn niemand anwesend scheint. Ein schneller Blick schafft Gewissheit und zieht sie zu den Orten, wo die wertvollen Sachen liegen.

Treppenschleicher

Gauner, welche mit unbedeutenden Sachen wie Nähnadeln, Räucherkerzen, wohlriechenden Wassern, Seifenkugeln usw. handeln und dabei die Gelegenheit zum Stehlen wahrnehmen. Sie nutzen hierbei auch die Chance, größere und wichtigere Diebstähle zu baltowern und die gesammelten Notizen entweder zu Einbrüchen in Gemeinschaft mit anderen Gaunern zu nutzen oder diese Informationen weiterzugeben.

Drehrum bei Schwarz handeln

In Städten existiert eine eigene Diebesklasse, die abends mit Nachschlüsseln unterwegs ist. Sie besuchen die Kaufleute, wenn diese in ihren Büros oder Nebenräumen sitzen. Sie öffnen die Ladentür so geschickt, dass die Türklingel nicht läutet. Es gehen meistens zwei Diebe aus; der eine hält vor dem Laden Wache und der andere geht in den Laden, wo er sich über den Ladentisch beugt und entweder den Geldkasten insgesamt nimmt oder das Geld mit dem benötigten Nachschlüssel (Drehrum) stiehlt.

Auch Kinder, welche wie Katzen über den Ladentisch kriechen, sind häufig die Vollbringer solcher Verbrechen. Auf diese Weise haben schon viele Kaufleute die täglich eingenommenen Gelder eingebüßt.

Trararumgänger

Es machen sich die Trararumgänger zum ausschließlichen Gewerbe, die Posten, nicht wie die Posträuber mit offener Gewalt, sondern auf eine höchst verschmitzte und zierliche Art zu bestehlen. Wenn sie auf eine irgendeine Weise ausgekundschaftet haben, dass Kisten oder Pakete mit wertvollem Inhalt zur Post gekommen sind, so wird von ihnen ein ähnliches, aber mit Sand oder Steinen gefülltes Kistchen oder Paket beschafft. Diese nehmen sie, nachdem sie es auf derselben Post haben einschreiben lassen, unter ihren Mantel mit zur Postfahrt. Auf der Tour wird es ihnen nicht schwerfallen, dieses gegen das wertvolle Paket zu vertauschen.

Sollte ihnen im Vorfeld die Informationserlangung nicht gelungen sein, so bemühen sie sich auf der Postfahrt vom Schirrmeister, welche meist redselige invalide Militärs sind und geistigen Getränken nicht ablehnend gegenüberstehen, durch klug angelegtes Gespräch das Sach-dienliche zu erforschen. Ort und Zeit wird sie begünstigen, die Entwendung eines wertvollen Poststücks und die Sicherung desselben zu bewerkstelligen.

Diese Diebe reisen gewöhnlich als Kaufleute oder Handelsvertreter unter verschiedenen Namen und führen falsch ausgestellte Reisepässe mit sich. Da sie nach der Tat die Namen ändern und die Touren im Zickzack wechseln, ist die Ermittlung ein schwieriges Stück Arbeit.

Fezzer

Kofferdiebe sind den Reisenden auf den Landstraßen, als auch in den Städten, zur Nachtzeit ganz besonders gefährlich.

Wollen Sie ein Verbrechen auf der Landstraße verüben, so lauern sie in einem daneben stehenden Gebüsch oder Kornfeld den Opfern auf. Sie versuchen sich unbemerkt auf den hinter der Kutsche befindlichen Sitz oder auf den Koffer, welcher in der Regel mit Stricken oder Ketten befestigt ist, zu setzen. Haben sie sich überzeugt, auf welche Weise er befestigt ist und er gelöst werden kann, so werden sie mit den erforderlichen Instrumenten wie Messern, Feilen und Brechstangen die Lösung vollführen. Dann passen sie Zeit und Stunde ab, wo es ihnen entweder alleine oder mit den wartenden Gehilfen möglich wird, den gelösten Koffer vom Wagen herunter zu lassen und zu verbergen. Das Geräusch auf den Chausseen und holperigen Wegen behindert den Kutscher wie auch die im Wagen sitzenden Personen, den durch das gewaltsame Lösen des Koffers entstandenen Lärm wahrzunehmen.

Die Entwendung der Koffer in der Stadt macht den Fezzern auch nicht mehr Schwierigkeiten als auf den Chausseen und Landstraßen. Da sie wissen, dass an den Stadttoren die Koffer der Reisenden eingesehen werden und diese nur lose wieder befestigt werden, lauern die Diebe an den Toren auf. Die Eigentümer der Koffer sind der Annahme, dass die Koffer bei der kurzen Strecke bis zum Gasthaus und innerhalb der Stadt unmöglich gestohlen werden können. Die Diebe nutzen die Gelegenheiten in Winkelgassen und an dunklen und wenig bevölkerten Plätzen.

Können sie ihr Vorhaben auf dieser Strecke nicht ausführen, so bieten sie ihre Dienste vor dem Gasthaus als Träger der abgeladenen Koffer an. Die Bauart der meisten Gasthäuser bietet ihnen genug Gelegenheit mit dem Koffer auf einer anderen Seite zu entkommen, während der Eigentümer auf dem bereits eingenommenen Zimmer auf dessen Ankunft vergeblich wartet.

Den Fuhrleuten fügen diese Diebe bedeutende Verluste dadurch zu, dass sie ihnen den blechernen Kober, in dem sie Reisegeld und Schriften verwahren, aus dem Wagen stehlen.

Schottenfeller, Aufruhrer

Es sind die Marktdiebe, die auch unter der Bezeichnung Weißkäufer oder Freikäufer bekannt sind. Sie stehlen auf Jahr- und Wochenmärkten, ganz besonders aber in Kaufläden. Da sie oft ganze Gesellschaften bilden, sind sie den

Kaufleuten auf den Märkten und Messen sehr gefährlich.

Der einzeln auf Diebstahl ausgehende Marktdieb betritt den Laden oder die Bude des Kaufmannes und verlangt Ware zur Ansicht zu sehen. Sobald der Kaufmann die lagernde Ware herbeiholt oder dem Dieb den Rücken zuwendet, wird dieser die Gelegenheit wahrnehmen und stehlen. Der Händler wird dies sobald nicht bemerken, da der Dieb die Kaufabsicht aufgibt oder nur eine Kleinigkeit kauft und sich mit dem Gestohlenen schnell entfernt. Kann er auf diese Weise die Fahrt nicht machen, schleicht er unbemerkt auf dem lebhaften Markt zur Rückseite der Bude, wo er die Plane zerschneidet und die Waren entwendet.

Haben sich mehrere Diebe verbunden, so führen sie ihr Vorhaben auf folgende Weise aus: In die zu bestehlende Bude gehen zuerst eine oder zwei Personen der Bande und fragen unbefangen den Kaufmann nach einer beliebigen Ware, welcher diese verdachtslos vorlegt. Unter Vorgabe, dass die eine oder andere Sache nicht gefällt, werden weitere Dinge zum Ansehen verlangt. Sobald dies geschehen ist, folgt noch ein Trupp, und wenn es auf einen großen Diebstahl abgesehen ist, noch eine Reserve. Während nun der Eine sich Waren vorlegen lässt und diese beäugelt und diskutiert, weiß der Andere mit ungemeiner Geschicklichkeit ganze Stücke der Ware in seine Diebestasche zu bugsieren. Oder aber es wird das Gestohlene den dahinterstehenden Komplizen, welche gewöhnlich Weiber mit Körben sind, zugereicht. Um den Kaufmann aus der Fassung zu bringen, fordert jeder einzelne Dieb etwas und der Handel in der Bude wird so lebhaft, dass der Kaufmann stark beschäftigt ist. Jetzt ist die Absicht der Diebe erreicht; die Waren des Verkäufers verschwinden Stück um Stück. Bemerkt der Kaufmann, dass er bestohlen wurde, so erreichen sie ihre weitere Absicht, wenn der Kaufmann übereilt aus der Bude rennt, um den vermeintlichen Dieben nachzuspringen. So haben die verbliebenen Diebe genügend Zeit, um weitere Stücke zu entwenden. Sollte der Kaufmann auf diese Weise nicht zu locken sein, so wird ein Käufer beim Hinzählen des Kaufgeldes falsche Stücke mit einzählen und bei Reklamation einen Zank beginnen, in den sich die anderen einmischen. In der Hitze des Streites verschwinden die entlegen liegenden Waren aus der Bude.

Ist das gestohlene Gut erst aus dem Laden, so ist es so gut wie verloren. Die Schottenfeller führen das untrügliche Kennzeichen ihres Gewerbes, nämlich die Diebestasche, bei sich. Die Frauen haben diese innerhalb ihres Rockes; die Männer führen ebenfalls diese Tasche in ihren Jacken, sowie kleinere unter dem Kragen oder den Ärmelaufschlägen. Doch werden die Marktdiebe, insbesondere die weiblichen, das Gestohlene auf anderen Wegen den Blicken der Bestohlenen zu entziehen wissen. Schachteln, die scheinbar sorgfältig zugebunden sind, aber einen beweglichen Boden haben, sind wahre Mausefallen. Die Weiber haben zusätzlich Körbe mit doppeltem Boden bei sich. Bei den vornehm gekleideten Marktdiebinnen achte der Verkäufer auf deren Strickkörbe und auf ein etwaiges

Kindermädchen. Diese setzt das mitgebrachte Kind auf die ausgelegte Ware und nimmt diese beim Hochnehmen des Kindes verdeckt mit auf und stiehlt.

Den Juwelieren ist der Schottenfeller besonders gefährlich. Nachdem er sich die ausgestellten Muster vorher betrachtet hat, erscheint er im Laden. Er lässt sich mehrere wertvolle Gegenstände zeigen, handelt bedächtig, indessen ein Bettler in den Laden tritt und um eine Gabe bittet. Mitleid heuchelnd, zieht der Dieb seine Börse und reicht dem Bettler eine Gabe. Diese fällt, da der Geber vorgeblich ungeschickt ist, zur Erde. Der Bettler hebt sie auf und geht dankend weiter. Diesen Umstand bemerkt der Juwelier kaum und ist hierdurch um ein wertvolles Stück gekommen, welches der Käufer geschickt zur Erde fallen ließ und der Bettler, sein Komplize, aufhob. Wenn nun auch nach geschlossenem Handel der Verlust entdeckt wird, der Dieb ist jedenfalls sicher. Er wird selbst auf eine Durchsuchung seiner Person dringen, bei der er als nobler und ehrbarer Mann erscheint.

Dorfdrucker, Beutelschneider

Diese Diebe nutzen Theater, Märkte, Kirchen, alle öffentlichen Feierlichkeiten und Volksaufläufe um Börsen, Uhren usw. von den anwesenden Personen zu stehlen. Auch diese gehen als Gesellschaft, selten einzeln auf Beutezug.

Im Allgemeinen sind sie gut gekleidet und tragen keine Handschuhe oder Stöcke, um die Hände frei zu haben. Sie bleiben an ihrem Zielort nie auf einer Stelle. Vielmehr sieht man sie ständig auf und ab gehen. Beim Ausströmen der Leute aus dem Theater, aus der Kirche usw. werden sie unter dem Vorwand, etwas vergessen zu haben, nach innen drängen, während alle Übrigen heraus zu kommen suchen. Bei Aufläufen, die sie häufig mit ihnen in Verbindung stehenden Gauklern oder durch simulierten Streit herbeiführen, suchen sie erst in den Knäul der Zankenden und dann wieder von innen heraus zu kommen.

Für jeden Tag haben sie eine besondere Parole, woran sie sich selbst im stärksten Gedränge erkennen. Sie haben sich eine große Fertigkeit und Gewandtheit im Ausziehen von Gegenständen angeeignet. Um sie zu versichern, dass Beute vorhanden ist, lässt der Dieb seine Hände zufällig an die Taschen seines Opfers stoßen. Ohne dass es der Eigentümer bemerkt, entschwinden seine wertvollen Sachen, was die Diebe auf folgende Weise bewerkstelligen:

Nachdem der zu Bestehlende aufgespürt wurde, wird schon auf gesagte Art ermittelt, in welcher Tasche sich das zu Stehlende befindet. Daraufhin drängt sich einer aus der Diebesbande auf der entgegengesetzten Seite an den zu Bestehlenden. Durch einen scheinbar absichtslosen Tritt oder Stoß wird ein Wortwechsel angefangen, um die Aufmerksamkeit des Opfers von seiner nächsten Umgebung abzulenken. Die Diebe platzieren sich auf der anderen Seite, um den zu Bestehlenden so in die Klemme zu nehmen und die operierende Hand des Diebes zu verdecken. Das Gestohlene gleitet sofort in die Hand eines Dritten, welcher sich unbemerkt davonschleicht und den Zurückbleibenden einen Blick zuwirft. Der Dieb hat nun keinen Grund sich zu entfernen und muss keine Entdeckung befürchten. Er kann den Unbefangenen spielen sowie sein Bedauern und Mitleid heucheln und bei der Suche nach dem vermeintlichen Dieb helfen. Keinem der Umstehenden fällt auf, dass gerader dieser der Dieb ist.

Sollte der Dieb die Taschen des zu Bestehlenden zu tief finden, muss eine Schere oder ein scharfes Messer seinen Dienst tun. Ist die Tat gelungen, äußert der Taschendieb dies gegenüber seinen beteiligten Genossen mit den Worten: „Ich bin ins Dorf (Tasche) gegangen und habe Moos (Geld) geholt.“

Die Damen, welche die Arglosesten sind, bewahren die Börsen usw. in Beuteln oder oben in Körben aufliegend auf. Die Taschendiebe der niederen Art haben ein leichtes Spiel. Die Aufmerksamkeit ist gewöhnlich auf ganz andere Dinge als ihre goldene Uhr oder Börse gerichtet. Die Sachen sind nach Meinung der Frauen im Beutel sicher verwahrt, bilden aber durch ihre Schwere eine Ecke in selbigem. Durch einen Schnitt ist die Ecke samt Geld gestohlen.

Stipper

Stipper sind Diebe, welche mit Leimruten Geld aus den Kästen der Kauf- und Handelsleute stehlen. Wenn Sie in Kaufläden stehlen wollen, bedienen sie sich eines Stabes und bestreichen das Ende mit Leim. Dadurch sind sie imstande, durch einen Schlitz in die Kasse zu gelangen und anhaftendes Geld herauszuziehen. Oftmals verbergen die Diebe ihre Instrumente in Kästen und Körben. Diese setzen sie in der Nähe der Kasse ab und fischen mit der Leimrute mehrmals in der Kasse.

Oftmals sitzen diese Stipper in Gastwirtschaften, wo Marktleute nach dem Markttag einkehren und eine Stärkung zu sich nehmen. Oftmals zählen sie dabei ihre Tageseinnahmen. Der Stipper rückt vertraulich heran und zeigt von Zeit zu Zeit mit seiner unten mit Leim beschmierten Tabakspfeife nach den gezählten Geldreihen, um dem Zähler auf die ein oder andere fehlende Münze hinzuweisen. So oft er mit seiner Pfeife hinstippt, verschwindet ein Geldstück. Dem arglosen Bauern fällt dies nicht auf, dass er auf diese Weise bestohlen wird. Sollte aber der Stipper einmal erwischt werden, wird er das noch in der Hand liegende Geldstück mit Lachen auf den Tisch legen und behaupten einen Spaß gemacht zu haben. Vielleicht gibt er vor, dem Bestohlenen nur einen guten Rat erteilen zu wollen, wofür er öfters noch ein Freigetränk erhält. Sollte dieses Täuschungsmanöver nicht gelingen, ergreift er schnell die Flucht.

Betrüger

Repper

Sie haben sich ein weites Feld für ihre verbrecherischen Talente gewählt. Gewöhnlich verbinden sich drei Betrüger zu solchen Taten. Der Eine spielt den Wohlhabenden, ein Anderer dessen Knecht, welcher die Prahlereien über den Reichtum des Ersteren unterstützt. Nachdem sie sich einige Zeit irgendwo aufgehalten haben, z.B. bei dem zu prellenden Opfer, erscheint rein zufällig ein Dritter, welcher sich als Diener eines verstorbenen Herrn usw. ausgibt. Dieser setzt sich still in eine Ecke, während der Erstere weiterhin seine Geschichten zum Besten gibt. Der Dritte rückt nach einiger Zeit näher heran und lässt vertrauliche Dinge so fallen, dass es der zu Prellende mitbekommt. Er habe wertvolle Gegenstände bei sich, die er bisher noch nicht zu Geld machen konnte. Scheinbar interessiert sich der Erste nicht für diese Informationen und lässt sich nach geraumer Zeit darauf ein, die gerühmten Sachen zu begutachten. Sodann werden falsche, wertlose oder künstliche Schmucksachen, un-echte Steine präsentiert. Der immer als wohlhabende Mann maskierte Repper wird als Sachkenner das Vorgezeigte mit einem hohen Wert abschätzen, aber mit Bedauern äußern, dass er für den Augenblick nicht so viel Geld bei sich hat, um die Gegenstände kaufen zu können. Während sich der Verkäufer für einige Augenblicke entfernt, bespricht sich der Repper mit dem zu Prellenden und unterbreitet ihm eine Aussicht auf einen Gewinn. Er bietet ihm an, die weit unter Wert angebotenen Sachen gemeinsam zu kaufen. Die Wertsachen sollen als Pfand beim zu Prellenden in Verwahrung bleiben, da der Wohlhabende die Kaufsumme als Darlehen von ihm verlangt. Der mit dem Gewinn Gelockte, welcher falschen und unechten Schmuck nicht von echtem Schmuck zu unterscheiden weiß, zahlt dann dem wieder eintretenden Dritten den verlangten Kaufpreis. Er ist sich ja sicher, da er für das gezahlte Geld das wertvolle Pfand in Form von Schmuck in seinen Händen wähnt. Die Gauner entfernen sich in verschiedene Richtungen und der Hinterlassene erfährt bald, dass er um sein bares Geld geprellt wurde. Der Geprellte wird um des Hausfriedens willen oder um nicht verlacht zu werden, diesen Betrug gar nicht öffentlich bekennen.

Blütenstecher

Diese Zunft hat sich das Landvolk und die Handwerksburschen zur Ausführung ihrer Betrügereien ausgesucht, da ihnen die Unbefangenheit dieser Personen sowie deren Gewinnsucht leichtes Spiel macht. Haben sie mit fast immer sicheren und untrüglichen Blicken ein passendes Individuum auf der Straße ausgemacht, lassen sie einen vermeintlich wertvollen Gegenstand zur Erde fallen. In dem Augenblick, wo der zu Prellende herantritt und das entdeckte Teil aufheben will, tritt der Gauner hinzu und ruft: „Halb Part! (Halbe, Halbe)". Sie besehen sich den Fund und der Gauner lobt mit Kennermiene den Wert des Fundes. Er bedauert jedoch, dem Finder nicht die

Hälfte des Wertes auszahlen zu können, um das Wertstück behalten zu können. Glücklicherweise wird der Finder bei Kasse sein. Der Gauner bietet an, einen Abschlag von seiner Hälfte zu gewähren, wenn gleich gezahlt würde. Er zahlt und ist betrogen und wird somit für seine Gewinnsucht bestraft. Dies ist der Betrug der Blütenstecher im Kleinen.

Soll er im größeren Stil ausgeführt werden, sind mehrere Personen nötig. Sie werden sich nach den übernommenen Rollen verkleiden. Derjenige, der anredet, kleidet sich wie ein Handwerksbursche und spricht eventuell einen Dialekt. Der, welcher etwas verliert, zeichnet sich durch lange und weite Beinkleider aus, durch die er das, was gefunden werden soll, auf den Boden gleiten lässt. Der Dritte ist gewöhnlich besser als seine Gehilfen gekleidet. So ausgerüstet gehen sie in größere Städte und kundschaften ihr Opfer aus. Sie warten an den Toren und suchen nach einem Mann, der einfältig zu sein scheint, jedoch über Mittel zu verfügen scheint. In anderen Orten, auf Messen und Märkten, sind sie entweder an den Toren oder Hauptstraßen zu sehen. Sobald sie sich durch Fragen von dem Opfer überzeugt haben, gibt der Erste, welcher sich als Handwerksbursche verkleidet hat, den anderen Gaunern entsprechende Zeichen. Der Zweite, der vorangeht, lässt eine Dose oder ein Päckchen so fallen, dass es der Fremde sehen muss und verschwindet. Es konnte nicht anders kommen, der Fremde bemerkt es wirklich und hebt es auf. In diesem Augenblick ruft der erste Begleiter „Halb Part oder Halbe, Halbe" und zieht den Finder etwas zur Seite, um jeden Anstoß zu vermeiden. Nun wird der Fund besehen, welcher gewöhnlich ein Ring mit Brillanten oder ein anderes wertvolles Schmuckstück ist. Dem Kästchen liegt ein beschriebener Zettel bei. Der Fremde kann gewöhnlich nicht lesen, der Begleiter angeblich auch nicht. Man ist in der Verlegenheit, den Inhalt des Zettels erfahren zu wollen. Da kann sicherlich ein fremder Herr helfen. Der Begleiter bietet an, das Gespräch im Beisein des Finders zu führen. Der vornehme Herr, welcher der Dritte im Bunde ist, liest wunschgemäß den Zettel vor, wie z.B.: „Hiermit wird Herrn Prof. Dr. der Betrag XY für den Brillantring etc. quittiert. Juwelier ABC". Die Summe wurde von dem verbündeten Herrn, welcher sich bald darauf entfernt, besonders betont. Der einfältige Finder ist schon so gut wie geprellt, wenn er seine Freude über den Fund kaum verbergen kann. Es wird nun beratschlagt, ob man den Ring verkaufen oder zurückgeben soll. Das letztere ist bald beseitigt, da der Fund ja keinem armen Teufel gehört. Die Frage, wo der Ring verkauft werden soll und ob man dadurch vielleicht Argwohn bzw. Verdacht erzeugen könnte, wird beraten. Der Begleiter gibt vor weiterreisen zu müssen und derzeit keine Barmittel bei sich zu haben. Da der Finder offensichtlich bei Kasse sei, solle er dem Begleiter seinen Anteil doch zahlen, dann könne er den Fund später selber verkaufen. Zusätzlich lässt er noch etwas von seinem Anteil nach, um die Entscheidung zu erleichtern. Der Einfältige leert seine Taschen und entlohnt den Begleiter.

Sollte der Finder Bedenken haben auf den Handel einzugehen oder ehrlich genug sein und Skrupel haben, kommt der auf der Lauer gebliebene Verlierer des Kästchens außer Atem zurückgelaufen. Er fragt die auf dem Platz befindlichen Leute, ob sie nicht etwas gefunden hätten. Sein Herr, der jede Minute abreisen wolle, sei außer sich und habe das Verlorene als Geschenk mitnehmen wollen. Er bietet dem ehrlichen Finder ein Geschenk in Höhe von XY. Der Begleiter zieht den Finder zur Seite und schlägt ihm vor, den Bediensteten auf den Fund aufmerksam zu machen, da er nun auch weiterreisen müsse. Er solle ihm doch die Hälfte des Finderlohnes auszahlen, da die Zeit drängt und er mit dem Bediensteten zum Herrn gehen und den Finderlohn kassieren könne. Was hätte den der Einfältige hierbei noch zu bedenken; er zahlt dem Betrüger die Hälfte des Finderlohns und ist dennoch geprellt, da der Bedienstete auf dem Hinweg zum Herrn verschwinden wird.

Dem gaunerischen Genie fehlt es nie an Mitteln, sein Vorhaben in den meisten Fällen zur Ausführung zu bringen. Ist es nicht auf diese, so ist es auf eine andere Weise.

Schwindler

Frauen dieser Gattung gehen, als Dienstmädchen gekleidet, in Kaufläden, wo die eine oder andere Herrschaft regelmäßig einkauft. Sie geben sich als Bedienstete dieser Herschafften aus und bitten um Waren auf Kredit. Der Kaufmann möchte den

Kunden nicht verlieren und gibt das Verlangte heraus. Die Betrügerin wird sich immer in Richtung des Hauses der Herrschaften entfernen, um keinen Argwohn entstehen zu lassen und den Kaufmann in die Irre zu führen.

Eine Schwindlerin, die sich vorher über die Verhältnisse der zu Betrügenden erkundigt hat, kommt mit einer Schachtel unter dem Arm zu einem Goldarbeiter, setzt diese, in welcher sich ein feines Spitzenhäubchen befindet, auf den Ladentisch und beginnt gestikulierend ein Gespräch. Sie erzählt, sie sei seit kurzem bei der gegenüberliegenden Herrschaft in Diensten und habe gerade einen Botengang erledigt. Auf diesem Wege sei ihr eingefallen, beim Herrn Nachbarn (dem Goldarbeiter) ein dutzend silberne Kaffeelöffel, die als besonderes Geschenk der Herrschaften vorgesehen seien, zur Ansicht für die Herrschaften zu erbitten. Sie bittet darum, diese ihrer Herrschaft überbringen zu dürfen und die Schachtel solange im Laden zu lassen, da sie ja sofort wieder zurückkäme. Der Goldarbeiter hat das Dienstmädchen zwar nie bei den Herrschaften gesehen, sie kam ja aber kurz vorher aus deren Haus. Sie spricht so nett, ist wahrlich keine Betrügerin und lässt noch die Schachtel mit der Spitzenhaube da. Er gibt die schön gearbeiteten Löffel und vielleicht noch ein vergoldetes Dutzend zur Ansicht mit, in der Aussicht auf ein besseres Geschäft. Die Betrügerin geht mit den Löffeln in das Haus der Herrschaften und verschwindet über einen erspähten Ausgang an der Hinterseite.

Sollte es keinen Hinterausgang geben und hat bemerkt, dass sie vom Goldarbeiter beobachtet wurde, bringt sie dies nicht in Verlegenheit. Sie versucht über einen Gesprächsvorwand in die Räume der Herrschaften zu gelangen und erzählt eine erfundene Geschichte. Sie sei seit kurzer Zeit in Diensten des gegenüberliegenden Goldarbeiters. Da angeblich bald eine Familienfeier in diesem Hause stattfinden wird, solle sie um eine Auskunft darüber bitten. Dabei stellt die Betrügerin es geschickt an und platziert sich mit den Herrschaften am Fenster, so dass sie gemeinsam vom Goldarbeiter gesehen werden können. Dann verabschiedet sich die Betrügerin unter einem Vorwand und erscheint kurze Zeit später im Laden. Die Löffel sind unterdessen schon versteckt worden. Unter dem Vorwand, dass die Herrschaften noch keine Entscheidung treffen konnten und in ein paar Minuten selbst erscheinen werden, nimmt sie die zurückgelassene Schachtel mit sich und verabschiedet sich, da noch weitere Aufträge zu erledigen seien.

Vorsichtsmaßnahmen

Verhalten im Allgemeinen

Wahl der Wohnungen

Diejenigen, die ruhig und sicher vor Diebstählen wohnen wollen, sollten ihre Wohnungen nicht in Häusern wählen, wo Polizei-Commissare, Gerichtsbeamte, Ärzte, Hebammen, Geistliche, Advocaten etc. wohnen, da der Zudrang von Personen, insbesondere aus den ärmeren Klassen, zu den Genannten groß ist. Manchen von den Rat und Hilfe Suchenden könnte es gefallen, statt der zu beanspruchenden Hilfe, den Mitbewohnern Sachen zu entwenden.

Kann man dies nicht vermeiden, so achte man in allen Fällen darauf, einen für sich abgeschlossenen Bereich zu erhalten. Die Wohnungen in den unteren Etagen sind die unsichersten, was auch für Häuser mit mehreren Ausgängen gilt.

Verwahrung der Wohnung

Schlösser, Riegel und Türen müssen stets in gutem Zustand sein. In gutem Zustand sind sie aber nur, wenn insbesondere die Schlösser nicht leicht durch jeden Schlüssel oder Dietrich, oder durch die Anwendung von bloßer Gewalt zu öffnen sind. Die Fensterladen lasse man so einrichten, dass sie, wenn sie geschlossen sind, nicht ohne große Mühe ausgehoben werden können.

Der Hausherr oder eine hierzu besonders beauftragte Person führe die Aufsicht über die Schlüssel. Niemals gestatte man, selbst den ordentlichsten und bravsten Dienstboten nicht, anderen Personen den Zutritt zu den Schlüsseln. Die Schlüssel zum Torweg oder zu den Seiten- und Hintertüren müssen ganz besonders im Auge behalten werden. Diese eignen sich sehr häufig die Dienstboten an, um das Haus heimlich zu verlassen und so Liebschaften hinter dem Rücken der Herrschaften zu pflegen. Gewöhnlich bleiben solche Ausgänge die Nacht hindurch geöffnet und hierdurch ist den Dieben zu ihren Verbrechen so manche schöne Gelegenheit gegeben worden. Die Herrschaft schläft im Vertrauen, dass das Haus wohl verschlossen ist und kann es, wenn der Diebstahl entdeckt wird, gar nicht begreifen, wie der Dieb ins Haus gekommen ist. Am Morgen sind die Eingänge nach Rückkehr der Dienstboten von den nächtlichen Besuchen und Ausschweifungen wieder sorgfältig verschlossen. Gleiche Unart haben öfters auch die erwachsenen Söhne, darum ist einige Aufmerksamkeit in dieser Beziehung nicht schädlich.

Verhalten der isoliert Wohnenden

Leute, welche von Ortschaften etwas entfernt wohnen, müssen sich bei Aufnahme von Personen, die sich nicht legitimieren können, nicht von falschem Mitleid bewegen lassen. Sie sind während ihres Aufenthaltes genau zu beobachten und lässt sie über Nacht an einem sicheren und verschlossenen Ort schlafen. Vor dem

Schlafengehen und bei Antritt der Dunkelheit begehe man selbst alle Ein- und Ausgänge und kontrolliere, ob sie verschlossen sind, damit ein gefährliches Subjekt diese nicht für seine Komplizen öffnen kann.

Verdächtige Personen machen sich dem aufmerksamen Beobachter durch ihre Fragen und Handlungsweise bald verdächtig, wenn sie die Örtlichkeit der Gebäude, die Lage ihrer Umgebungen, das Terrain erforschen und sich mit dem vorgefundenen Hofhund anfreunden wollen.

Diese Bemerkungen schlage man nicht in den Wind, insbesondere wenn der Hofhund verschwunden oder plötzlich krepiert ist. Sollten die Hauptschlüssel abhandengekommen sein, bedenke man, dass man vielleicht einen Auskundschafter beherbergt und dass professionelle Diebe nicht immer gleich einbrechen, sondern Zeit und Umstände abwarten.

Der Hausherr schlafe mit seiner Familie von den anderen Personen des Hausstandes nicht zu weit entfernt, damit diese gleich zur Stelle sind. Deshalb ist es auch gut, wenn man gewisse Zeichen für den Fall der Gefahr verabredet und einen gewissen Verteidigungsplan entworfen hat, den nur die Vertrautesten wissen dürfen. Um auch gegen große Gewalttaten gesichert zu sein, bestimme man mit den nächsten Nachbarn gewisse Notzeichen.

Das Halten wachsamer Hunde ist den isoliert Wohnenden sehr zu empfehlen, was sich durch Geständnisse eines Gauners bestätigt hat. Hofhunde müssen ihren Standort am Tage da haben, wo ihnen von außen keine vergiftete Speise zugeworfen werden kann; des Nachts lasse man sie im Gehöfte frei herum laufen. Bei großen bissigen Hunden kann dies aber immer nur mit Vorsicht geschehen, um jedes Unglück mit unschuldigen Personen zu verhüten.

Verwahrung der Sachen und Gelder

In einem geregelten Hauswesen hat jede Sache ihren bestimmten Ort, jeglicher Gegenstand von Wert wird sorgsam unter Verschluss gehalten. In einem Haus, wo diese Tugend nicht herrscht, ist den Dieben Tür und Tor angelweit geöffnet. Ein Glück ist es, dass die Diebe solche Häuser nicht alle kennen. Man würde von noch mehr Diebstählen wie bisher hören müssen.

Hierzu gehört, dass Schlüssel ordentlich verwahrt werden und wenn man die Wohnung verlässt, solche nicht auf die Kaminsimse, Vorsprünge in der Wand, auf oder unter Schränke legt. Gauner aus der Dienstbotenklasse haben diese Unachtsamkeiten während ihrer Dienstjahre den Herrschaften abgelauscht und wissen diese Erfahrung jetzt vortrefflich zu nutzen.

Wer seine Sachen sicher verwahrt haben will, der achte darauf, dass die verschließbaren Möbel, besonders Bureaus und Commoden, keine sogenannten Dutzendschlösser haben. Schlösser dieser Art, welche in Fabriken gefertigt werden, haben eigentlich gemeinschaftliche Schlüssel. Und so ist es leicht möglich, dass ein Anderer, der ebenfalls solche verschließbaren Möbel hat, seinen Schlüssel verliert und ein Dieb den Nutzen hiervon zieht.

Eine nicht weniger zu tadelnde Unachtsamkeit begehen meist ledige Personen dadurch, dass sie beim Verlassen der Wohnung für diejenigen Personen, von welchen sie einen Besuch erwarten, an die Tür mit Kreide schreiben, wo sie zu treffen sind und wann sie wieder nach Hause kommen. Solche Fingerzeige sind für Diebe höchst willkommen.

Ordnung müssen die Herrschaften auch bei ihren Bediensteten halten. Es kann ihnen nicht oft genug eingeprägt werden, die Türen beim Verlassen einer Wohnung, des Hauses oder Kellers sorgfältig zu verschließen. Ebenso sind benutztes Geschirr, silberne Messer, Gabel und Löffel, welche nach Abdecken der Tafel gewöhnlich in einem Korb gesammelt werden, nicht unbeachtet im Hausflur oder gar im Hof abzustellen. In Häusern, wo solche Unachtsamkeiten stattfinden, hat der Dieb leichtes Spiel.

Sicherung der Kaufläden und Buden der Handelsleute, und Verwahrung der Sachen in solchen

Gegen die mit Diebes-Instrumenten gut ausgerüsteten Gauner ist das Äußere der Kaufläden kaum zu sichern. Doch versäume es der Eigentümer nicht, den Verschluss des Ladens möglichst stark herrichten zu lassen. Hierzu gehört, dass eiserne Bolzen in hölzerne, inwendig angebrachte Querriegel eingreifen. Die Köpfe dieser Bolzen dürfen aber nicht auswendig vorstehen, sonst dürfte es leicht geschehen, dass sie von den Dieben abgesägt würden.

Des Nachts ist es besser, wenn die Sachen etwas unordentlich in den Läden herumstehen. Die Diebe können sich nicht zurechtfinden und werden hier und dort anstoßen, und dadurch einen Lärm und Poltern verursachen. Um solches zu bewirken, streue man Knallkugeln und Kocherbsen auf dem Fußboden herum, durch letztere werden die Diebe zu Fall gebracht. Bis jetzt hat sich als besonderes Lärmmittel bewährt, dass vorsichtige Kaufleute Bretter in die Mitte der Läden oder an solchen Stellen, wo wertvolle Gegenstände verwahrt werden, mit leicht zerreißbaren Fäden an der Decke befestigt, aufstellen. Stößt der Dieb an solche Bretter, so fallen sie um und geben ein starkes Signal.

Ladenklingeln, die an biegsamen Federn hängen, verfehlen ihren Zweck, wenn nach Öffnen der Tür das Klingeln mit der durchgreifenden Hand verhindert werden kann. Solche Klingeln müssen über der Tür hart anliegen und durch einen Klöpfel von der Seite angeschlagen werden.

Die Geldkästen müssen verschlossen und die Schlüssel hierzu besonders verwahrt werden.

Die Rückseite der Marktbuden lasse man nicht mit Leinwand überziehen, sondern mit Brettern verschlagen, wodurch es den Dieben verwehrt wird, die Sachen zu stehlen, indem sie Einschnitte in die Leinwand machen. Der Kaufmann macht einen bedeutenden Fehler, wenn er einen Geldkasten an die mit Leinwand bezogene Rückwand stellt.

Verhalten auf Reisen

Besondere Achtsamkeit ist auf Reisen notwendig. Jedem Reisenden ist zu raten, sich von dem mitgeführten Geld oder anderer Kostbarkeiten nichts anmerken zu lassen. In der Tasche trage man nie mehr als man gerade als Ausgabegeld für jeden Tag braucht. Eine unnötige Prahlerei mit gefüllten Börsen, goldenen Uhren und Ringen, die des Öfteren gerne zur Schau getragen werden, gereichten Manchem schon zu großem Unheil. Aus gleichem Grund wähle der Reisende unterwegs eine prunklose, schlichte Kleidung.

Der Reisende, der in ein Gasthaus einkehrt, verlasse sich nicht allein auf die Wachsamkeit der Bediensteten, sondern er verschließe und verriegele die Türen seines Zimmers. Dies gilt auch, wenn das Zimmer nur auf kurze Zeit verlassen wird oder wenn Schlafenszeit ist.

Muss der Reisende wegen seiner Geschäfte den Gasthof für kurze oder lange Zeit verlassen, wodurch er verhindert ist, die Beaufsichtigung seines Zimmers und der darin verwahrten Sachen und Gelder selbst zu besorgen, so übergebe er gleich am Anfang alles Wertvolle unter den Verschluss des Wirtes. Dies gilt nur, sofern der Wirt als Person ein zuverlässiger Mann ist.

Gegen die Gewalt der Diebe sind weder Stricke, Ketten noch Schrauben imstande, die damit an den Kutschen befestigten Koffer und Taschen zu sichern. Um solche jedenfalls besser zu verwahren, stelle man diese nach vorne unter die Füße des Kutschers. Diebstählen an Koffern usw. geschehen nicht allein auf offener Straße, sondern auch sehr häufig in den Städten. Der lauernde Dieb wird es nicht versäumen, jeden nachlässig befestigten Koffer in seinen Besitz zu bringen.

Ebenso versäume es der Reisende nicht, bei der Ankunft vor dem Absteige-Quartier oder Gasthause, seine Sachen stets im Auge zu behalten. Er entferne sich nicht eher von dem Wagen, als bis alle seine Sachen abgeladen sind und er lasse nichts eher davontragen, wenn er nicht von der Zuverlässigkeit der Hilfspersonen überzeugt ist. Gleiches gilt für die Abreise.

Gasthäuser haben gewöhnlich mehrere Ausgänge und der Reisende läuft Gefahr, das seine Sachen in den Händen fremder Personen nicht in seinem

Zimmer ankommen. Diese sind schon die richtige Treppe hinauf, aber dann über einen anderen Gang durch eine Seitentür in einer Nebengasse verschwunden. Die innere Konstruktion mancher Gasthäuser bietet öfters wahre Schlupf- und Seitenwinkel für solche Diebereien. Bedenklich ist es auch, wenn man seine Sachen auf mehreren Transporten zu seinem Zimmer schaffen lässt. Gewöhnlich wird zuerst der bessere Teil hinaufgetragen und die Zimmertür offen gelassen in der Hoffnung, dass die restliche Bagage nachkommt. Unten treten aber kleine Hindernisse ein, welche das schnelle Nachbringen aufhalten, während dessen der schon im Zimmer befindliche Teil durch Einschleicher gestohlen wird.

Verhalten gegen Betrüger

Wer nicht betrogen sein will, der sei vorsichtig bei jedem Handels- und Geldgeschäft, insbesondere wenn jemand borgen will. Mit unbekannten Personen wird sich der Vorsichtige nie einlassen, auch wenn der gebotene Gewinn verlockend ist. Derjenige, welcher übermäßigen Profit anbietet, ist fast immer ein Betrüger trotz seines Erscheinens als ehrlicher Mann und seines zum Schein getragenen Anstandes.

Wer zu versendende Sachen an völlig unbekannte Personen zur Mitnahme an einen entfernten Ort übergibt, läuft Gefahr, solche ganz zu verlieren. In dieser Hinsicht sind viele Leute sehr leichtsinnig. Sie geben solche Sachen an Personen ab, von denen sie nicht überzeugt sind, ob sie aus dem angegebenen Ort sind und den eigenen Namen wirklich führen. Sachen werden sehr häufig in Gasthöfen und Privathäusern an Personen, welche gerade in diesen Häusern anwesend sind, abgegeben. Diese Personen waren öfters eingeschlichene Betrüger, welche die ihnen unverhofft angebotene Gelegenheit zum Betrug sofort nutzen und gleich darauf mit den ihnen übergebenen Sachen verschwanden.

Überwachung der Dörfer

Die Bewachung der Dörfer, besonders zur Erntezeit, wo der größte Teil der Bewohner auf den Feldern ist, obliegt oftmals den schwachen Greisen und Kindern. Vielmehr wähle man hierzu die benötigte Anzahl tüchtiger Männer, welche die Wache bilden. Einer von ihnen befinde sich in der Nähe des Glockenturmes, damit er bei einem Einfall von Dieben die zerstreuten Bewohner durch Glockenruf versammeln kann. Ein Anderer postiere sich da, wo sie das ganze Dorf übersehen können. Sie haben die besondere Verpflichtung, passierende Fremde hinsichtlich ihres Tuns zu kontrollieren. Vorstehende Regeln gelten auch zur Sicherung gegen Mordbrenner. Es ist noch zu erwähnen, dass die mehrmalige Revision der Feuerlöschgerätschaften nicht zu versäumen ist und deren Aufbewahrungsorte besonders zu beaufsichtigen sind.

Verhalten gewisser Personen

Ortsvorsteher

Bettler, Klein-, Obst- und Gemüsehändler usw., welche aus der Stadt in die Dörfer kommen, sind sehr häufig die Vertreiber des gestohlenen Gutes, und daher einer ganz besonderen Beaufsichtigung zu unterwerfen.

Gastwirte

Die Erfahrung hat gelehrt, dass Gauner unter verschiedenen Masken, selbst mit dem angenommenen Titel eines Grafen, Barons usw., auftreten. Deshalb ist es die ganz besondere Pflicht der Gastwirte, auf alle bei ihnen absteigende Fremde zu achten und bei Widersprüchen hinsichtlich Titeln und Würden der Polizeibehörde sofort eine vertrauliche Mitteilung von ihren gemachten Bemerkungen über das Auffällige dieser Personen zu machen.

Pferdevermieter

Von diesen ist schon manchem verfolgten Dieb das Mittel zur schleunigen Flucht verschafft worden. Darum haben Vermieter solchen unbekannten Personen, wenn sie ihnen verdächtig vorkommen sollten, weder Wagen noch Pferde ohne polizeiliches Wissen zu vermieten. Übrigens liegt es auch in ihrem Interesse, denn bei

Überlassung der Sachen werden sie oft um Geschirr und Pferde geprellt.

Fischer und Kahnhalter

Kommen Personen zur ungewöhnlichen Zeit mit dem Auftrag eiliger Überfahrt, so mögen sie ebenso vorsichtig als die Pferdevermieter sein. Des Nachts haben sie ihre Fahrzeuge gegen den eigenmächtigen Gebrauch anzuschließen.

Kaufleute

Alle unbekannten Personen, welche bedeutende Summen zum Wechseln unter auffallenden Umständen anbieten und sich als mehr ausgeben, als die äußeren Verhältnisse dieser Personen scheinen, müssen ihnen stets verdächtig sein.

Schlosser

Die sorgfältige Verwahrung ihrer Dietriche sei ihnen Pflicht. Um aber auch trotz aller Vorsicht dem Gauner das Mittel zur Erwerbung von Schließmitteln zu nehmen, fertige ein Schlosser für Unbekannte keine angeblich zu einer Maschine gehörige Teile an.

Pfandnehmer

Wer sich vor dem Publikum nicht selbst zum verächtlichen Hehler stempeln will, der nehme von unbekannten und verdächtigen Personen keine Pfänder an. Diebe geben gerne das gestohlene Gut ab, damit es bei einer Durchsuchung ihrer Wohnung nicht mehr vorhanden ist. Unachtsame, leichtsinnige und gewinnsüchtige Pfandnehmer haben immer die Gefahr, wenn der Dieb und Versetzer solche Geschäfte hartnäckig leugnet, selbst als Dieb angesehen, verhaftet und bestraft zu werden.

Trödler

Kein Trödler darf Sachen von Personen kaufen, von welchen er nach sorgfältiger Prüfung nicht überzeugt ist, dass sie darüber verfügen und solche verkaufen dürfen. Wenn ihm daher Dienstboten, Lehrburschen, Unmündige und andere Personen Sachen zum Verkauf anbieten, so darf er sich nicht mit diesen Personen einlassen.

Ist die Person des Verkäufers dem Trödler unbekannt, so muss er sich zuvor bei anderen bekannten und glaubhaften Personen erkundigen und nicht eher den Kauf abschließen, als bis ihm von diesen versichert wird, dass nichts Bedenkliches und Verdächtiges vorliegt.

Erwächst aus den Umständen ein wahrschein-licher Verdacht, so ist er angehalten die verdächtigen Gegenstände an die Polizeibehörde zur Untersuchung abzuliefern. Dies muss insbesondere geschehen, wenn Sachen von Wert z.B. Gold, Silber, Juwelen, Spitzen oder andere Kostbarkeiten von ganz unbekannten und verdächtigen Personen zum Kaufe angeboten werden; umso mehr, wenn der Wert des Gegenstandes den dafür geforderten Preis beträchtlich übersteigt.

Alle Schlüssel und Dietriche, welche dem Trödler zum Verkauf angeboten werden, muss er sofort, auch wo möglich den Verkäufer selbst, anhalten und an die Polizei abliefern.

Gold- und Silberarbeiter, Zinngießer und Kupferschmiede

Die besten Verbündeten haben Polizeibehörden in ehrlichen, vorsichtigen und aufmerksamen Gold- und Silberarbeitern, Zinngießern und Kupferschmieden. Bei diesen versuchen die Diebe das gestohlene Gut in Gold, Silber, Zinn und Kupfer anzubringen und zu verkaufen. Sie bieten entweder die Sachen ganz und unverletzt, in Stücken oder zusammengeschmolzen zum Kauf an; auch lassen sie Silbersachen im Feuer vorher schwarz anlaufen, um ihnen das Ansehen zu geben, als hätten sie lange ungenutzt gelegen. Jedenfalls aber werden Kennzeichen abgefeilt oder weggeschabt.

Vorbeugungsmaßregeln

Im Allgemeinen

Wenn nach dem alten Sprichwort Gelegenheit Diebe macht, so vermeide jeder, die Gelegenheit hierzu zu geben. Diejenigen bieten solche aber immer, wenn sie im Verschluss ihrer Sachen und Gelder nachlässig sind, bedeutende Summen Geld in Gegenwart ihrer Untergebenen zählen oder gar ohne Aufsicht liegen lassen, während sie Stunden, Tage und noch länger vom Hause abwesend sind.

Der Untergebene, der bisher ehrlich und brav war, kann bei einer fehlenden Charakterstärke durch solche Nachlässigkeit gebotenen Verlockungen nicht widerstehen. Er stiehlt und wird vielleicht für seine ganze Lebenszeit ein verächtlicher Verbrecher.

Insbesondere

Erziehung und Lehre

Eltern, denen daran liegt, ihre Kinder später nicht in Gefängnissen zu wissen, mögen gleich in der frühesten Jugend eine Scheu vor der Sünde einprägen. Sie sind an eine strenge Ordnung und Sparsamkeit zu gewöhnen, sie zur nützlicher Beschäftigung anhalten, ihnen niemals eine Lüge nachsehen und ihnen das Laster der Naschhaftigkeit nicht ungestraft durchgehen lassen. Gut erzogene Kinder werden in reiferen Jahren der Tugend und Rechtschaffenheit treu bleiben.

Diejenigen Eltern aber meinen es mit ihren Kindern nicht gut, welche ihnen nicht eine angemessene Erziehung geben und sie an eine unnötige, die Mittel übersteigende Kleiderpracht und anderen Luxus gewöhnen. Sie lächeln beifällig, wenn ihre Kinder in höheren Familien geltende Gewohnheiten und Sitten nachäffen. Ebenso lassen sie kleine Schurkereien als witzige Streiche durchgehen. Wachsen diese Persönchen heran, so fühlen sie sich unglücklich, sofern ihnen die Mittel fehlen, das in der Kindheit angefangene Leben später fortzusetzen. Ihr gebildeter Kopf kommt endlich auf den Gedanken, sich die fehlenden Mittel zu ertrotzen und kommen auf unredliche Mittel und werden Raubritter.

Zu höchst gefährlichen Menschen können aber gut gezogene Kinder immer noch geraten, wenn sie zu unmoralischen, leichtsinnigen und gewissenlosen Leute in die Lehre gehen. Die Wahl solcher Leute ist mit Vorsicht zu treffen. Lehrherren haben, da sie die Stelle der Eltern vertreten, ihre Zöglinge sorgsam gegen böse Gesellschaft und schlechte Sitten zu schützen und deshalb ganz besonders ihr Tun und Treiben außerhalb des Hauses zu kontrollieren. In den Erholungsstunden pflegen dergleichen Zöglinge, insbesondere die des Kaufmannstandes, sich die Zeit mit unnützen Tändeleien, dem Spiel um Geld und der Völlerei zu vertreiben. Dies ist gewöhnlich die Zeit, wo der Keim zur nachher aufschießenden verbrecherischen Saat gelegt wird.

Gesindewesen

Dienstboten dürfen bei der Annahme den Herrschaften nicht verdächtig oder unbekannt sein. Daher darf den Dienstboten niemals ein vorteilhaftes Zeugnis ausgestellt werden, welches den neuen Herren täuscht.

Ein Problem für das Gesinde ist es, wenn ihnen die gehörige Kost und der Lohn nicht zur rechten Zeit gegeben werden. Dadurch werden sie gleichsam zum Stehlen angehalten. Viele Dienstherren zahlen Kostgeld anstelle wirtliche Kost zu geben. Dies führt dazu, dass Dienstboten das Kostgeld nicht ausgeben und die Herrschaften an Speise und Trank im Haushalt betrügen.

Haben Dienstboten über Ausgabegeld Rechnung zu führen, so achte man streng darauf, dass solche Ausgaben rechtzeitig und ordentlich belegt werden. Durch Gestattung von Unregelmäßigkeiten wird das Gesinde zur Untreue und zum Diebstahl verleitet.